Blah, Blah, Blah

Blah, Blah, Blah

Blah, Blah, Blah

Blah, Blah, Blah

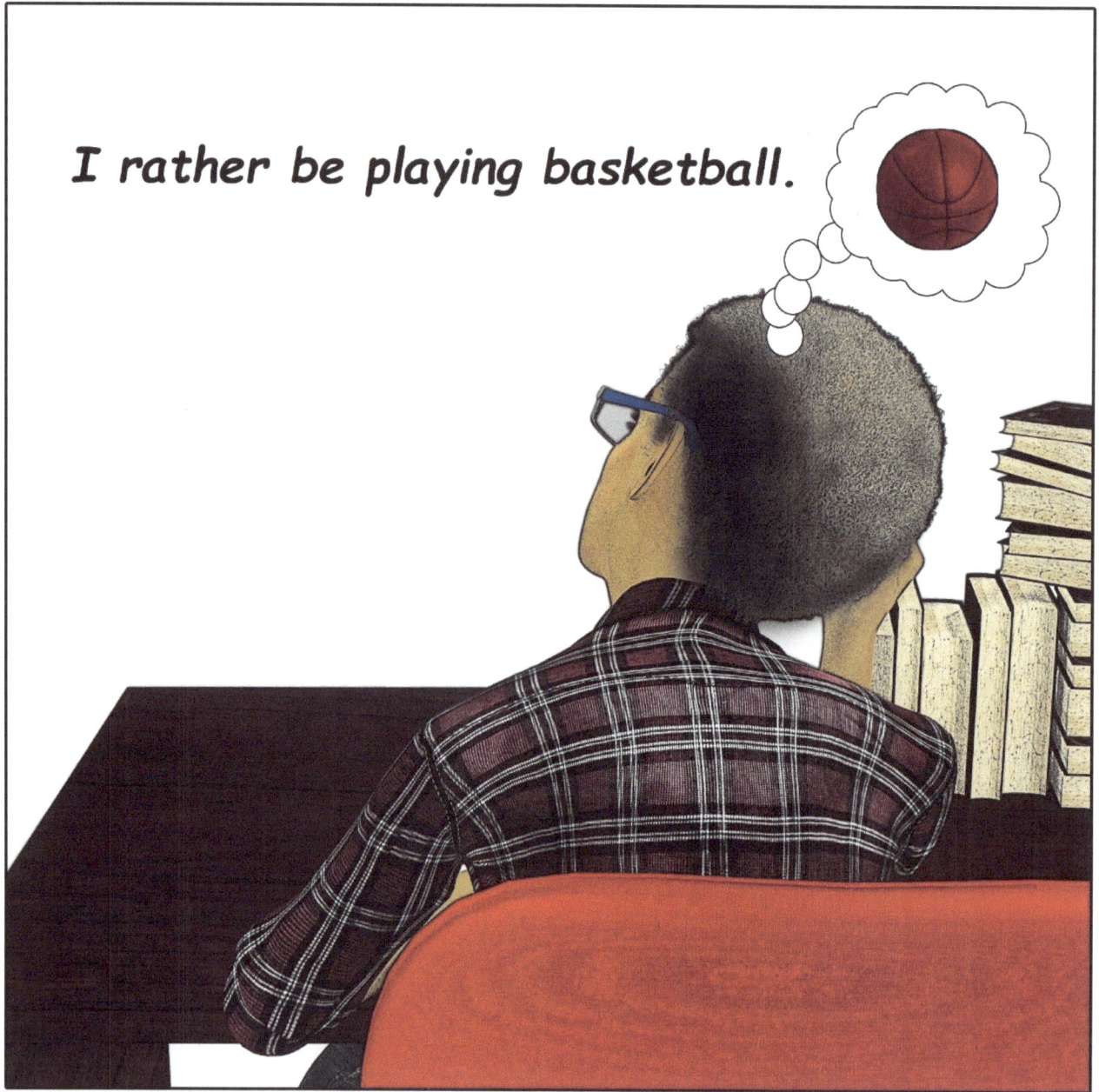

Blah, Blah, Blah

Blah, Blah, Blah

Blah, Blah, Blah

Blah, Blah, Blah

Blah, Blah, Blah

Blah, Blah, Blah

Blah, Blah, Blah

Blah, Blah, Blah

Blah, Blah, Blah

Blah, Blah, Blah

Blah, Blah, Blah

Blah, Blah, Blah

Blah, Blah, Blah

Blah, Blah, Blah

Blah, Blah, Blah

Blah, Blah, Blah

I hope everyone loves my book.

Blah, Blah, Blah

Blah, Blah, Blah

Blah, Blah, Blah

Blah, Blah, Blah

Blah, Blah, Blah

Blah, Blah, Blah

The End

www.ingramcontent.com/pod-product-compliance
Lightning Source LLC
LaVergne TN
LVHW072116070426
835510LV00002B/79